ESTE LIBRO PERTENECE A:

_____

Copyright © Texto e ilustraciones: Mireia Gombau, 2021

Reservados todos los derechos.
No se permite la reproducción total o parcial de esta obra,
ni su incorporación a un sistema informático, ni su transmisión
en cualquier forma o por cualquier medio (electrónico, mecánico,
fotocopia, grabación u otros) sin autorización previa y por escrito
del titular del copyright. La infracción de dichos derechos puede
constituir un delito contra la propiedad intelectual.

Editorial Mireia Gombau
www.editorialmireiagombau.com

ISBN-13: 9788412347425

EL CHARCO DE PIPA

MIREIA GOMBAU

Todo empezó una mañana de verano,
cuando Pipa decidió **NO COMPARTIR**.
—Nico, ¡este charco es mío!
—Pero ¡yo también quiero jugar!
—¡No!

Nico, su hermano pequeño, empezó a llorar.

—¿Qué te pasa? —le preguntó su madre.
—Pipa no me deja jugar.

Su madre le acarició y, mirando a Pipa, dijo:

—Pipa, podéis compartirlo. ¡Ya verás qué divertido!
—¡No quiero! ¡ES MÍO! Nico todavía es pequeño, y este charco es solo para niños y niñas mayores.

Nico y su madre entraron en casa y la niña se quedó jugando.

«Daré el salto más alto del mundo. Este es mi charco, solamente mío y de nadie más», pensó Pipa.

—¡UNO, DOS, TRES! —gritó.

Luego saltó.

Y en aquel preciso instante...

Apareció, de repente, en medio del bosque.
Desconcertada, miró a su alrededor y se preguntó:

«¿Dónde estoy? ¿Dónde están Nico y mamá?
¿Cómo he llegado hasta aquí?».

Delante de ella había un charco tan grande

que se olvidó de todo y empezó a chapotear.

Y entonces, alguien gritó:

—¡Eh, tú! ¡Márchate! ¡Tú aquí no puedes saltar! —le ordenó una rana muy enfadada.

—Pero… este charco es ENORME.
Si lo compartimos, podremos saltar todas.
—¡No! Tú eres muy grade y nosotras somos pequeñas, y saltando nos podrías aplastar.

Algo molesta, empezó a caminar.

No muy lejos de donde estaba, vio a un grupo de ardillas jugando a pelota.

Las observó durante un rato hasta que se acercó.

—¡Hola, soy Pipa! ¿Puedo jugar con vosotras?
—¡No! Esta pelota es solo para ardillas —respondió una de ellas.

Una vez más, Pipa se marchó.

¿Por qué nadie quería jugar con ella?

Siguió avanzando hasta que vio a tres conejos saltando a la comba. Ella también quería pasárselo bien.

—¡Hola! ¿Puedo jugar?
—¡Lo siento, pero no! Esta cuerda es solo para conejos y tú eres una niña —dijo uno de los conejos moviendo su nariz.

Pipa estaba muy triste. Ninguno de aquellos animales quería jugar con ella. Tenía ganas de llorar, pero se aguantó las lágrimas.

Entonces, decidió buscar el camino a casa.

Caminó y caminó...

Pero siempre terminaba regresando al mismo lugar.

Fatigada, se sentó a descansar.

Se sentía muy sola. No pudo aguantarse más y gritó con todas sus fuerzas:

—¡Quiero salir de este bosque! ¡Quiero jugar con Nico y ver a mamá!

En ese momento, el cielo se cubrió de nubes y empezó a llover.

Cerró los ojos y deseó estar en casa.

Cuando los abrió, se dio cuenta de que estaba de nuevo en su jardín.
Miró hacia la ventana y vio a Nico.

Luego recordó todos los animales que había conocido en aquel misterioso bosque. Entre ellos habían compartido la pelota, la cuerda y hasta el charco enorme. Pero ella había estado sola, triste, aburrida, molesta y sin nadie con quien jugar.

Arrepentida por no haber querido compartir antes, fue a buscar a su hermanito.

—Nico, ¡ven! ¡Mi charco es muy grande! ¡Si lo compartimos y jugamos juntos, nos lo pasaremos genial! —dijo Pipa.

Cuando su madre salió al porche,
Pipa la miró y exclamó:
—Mamá, ¡este charco es para niños y niñas, grandes y pequeños, para ranas, para ardillas y para conejos!

¡ES MÁS DIVERTIDO COMPARTIR!

Printed in the USA
CPSIA information can be obtained
at www.ICGtesting.com
LVHW070031291023
762448LV00015B/770